JN418748

사람이 꽃보다 아름답다지만

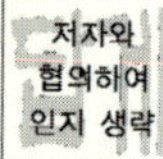

사람이 꽃보다 아름답다지만

지 은 이 | 정 두 리
펴 낸 이 | 一庚 張少任
펴 낸 곳 | 답게

초판발행 | 2010년 11월 20일
초판 1쇄 | 2010년 11월 25일

등 록 | 1990년 2월 28일, 제 21-140호
주 소 | 143-838 서울시 광진구 군자동 469-10
전 화 | (편집) 02)462-0464, 463-0464
(영업) 02)469-0464, 498-0464
팩시밀리 | 02) 498-0463
홈페이지 | www. dapgae. co. kr
전자우편 | dapgae@korea. com, dapgae@chol. com

ISBN 978-89-7574-244-6 (03810)

나답게 · 우리답게 · 책답게

* 이 책은 성남시 문화예술발전기금을 받았습니다.

사람이 꽃보다 아름답다지만

정두리 시집

도서출판 답게

| 시인의 말 |

나는 시詩에게 갚아야 할 것이 있다.
늘 빚진 자의 마음,
아마 평생을 지고 갈지도 모를 일이다.
그런 송구함은 진정으로 시詩 앞에서 나를 무릎 꿇게 한다.
'슈베르트의 집' 이후 7년 만에 여덟 권의 시집을 묶는다.
또 시詩에게 빚을 지게 되었다.
첫 시집만큼의 기대와 설렘이 새롭다.
그리고 뜨거운 감사를 드린다.

정두리

차 례

2부

어떤 담담淡淡

3부

하얀 정거장

4부
전망 좋은 집

1부

달챙이 숟가락

갈참나무의 눈꽃

갈참나무에 내리는
눈을 보셨어요?
그 나무의
떨리는 나무결을 만져 보셨나요?
눈을 받으려고
가으내 지녔던
나뭇잎 모두 버리고
두 팔 벌리고
부끄럼은 접어두고
드러내며 기다렸던 나무

눈이 내리기 전
하늘이 먼저 내려오면
갈참나무는 기다림에 절어 그대로
벌 받는 아이처럼 떨고 있던
나무의 사랑을
누가 흉내낼 수 있을까요?

나무와 눈이 투합해서 피워낸
갈참나무 하얀 꽃을
그들이 잡은 손 놓을 때까지
지켜볼 거예요
돌아갈 생각 없어진 지금
나는 그럴 수밖에요

봄의 색상표

그리움의 자리를 잡기까지
우리 여린 사랑은
순하고 연연하다

연분홍
연노랑

아직 건너오지 못한 마음 불러
여기 부려 놓아라
이제 미적일 것 없다

살며시 들춰보면
낯가린 얼굴로 돋아 나오는

연듯빛
연보라

짧은 봄보다 먼저 와 닿은
연하고 귀한
그대의 순결한 노래

가지꽃에게

세상에
이파리, 줄기, 어디쯤에 감추었다가
이리도 순하고 애틋한 보랏빛으로
꽃을 피웠구나

보랏빛
여리디 여린 꽃이
이렇게 여문
방망이를 키워 매달고 있다니
그 연한 가지꽃이 말이야

산山마을 오후

빛나는 햇살 아래서
바람과 수화하는
노간주나무

빛살을 뼛속 가득
들이는 일이
더 없는 기쁨이라 한다

너른 바위에 앉아
물소리 듣다가
돌아 앉는다

언제
앞 산이 몸을 바꾸었나?

이렇게
큰 그림자를
남겨 놓았네

창덕궁 매화나무

창덕궁 뒤란에
아주 나이 많은 매화나무 있었어요

궁궐 밖이 궁금하다
아니다, 대궐 속이 더 수상해
그렇게 기웃대다 나무의 어깨는 헐거워지고
새 가지 키워내고 큰 둥지는 주저앉았나 보아요

불타는 궁궐을 속수무책 바라보고
나인의 한숨을 나무뿌리에 묻어놓고 살아온
400년 나이는 그저 얻은 게 아니었을 테지요?

구중심처나 시정의 하루나
무어 크게 달랐으랴
매화나무 손사래 치며 말하지 않아도
나 알아들을 수 있는 기분

아주 카랑한 첫 겨울,
정오의 미려한 햇살 속이었어요

할미꽃 화분

야생화 가게에서
할미꽃 세 개
옹기 화분에 심어 놓고
이만오천 원이란다

할미꽃 하나가
떡만두 한 그릇 값이다
사람들이 보는 족족 파가서
귀해져서 그렇단다
귀하면 당연 비싸진단다

아무리 귀해도
할미꽃인데
얕보는 마음이 든다

내가 가는 산길 무덤가에
제 집 만들어 옹기종기 피어있던
할미꽃 둔덕을 안다

할미들아,
내 입 다물마
그곳에서 누구에게도 뽑히지 말고
잘 살아라
니들 여기 있다고
소문내지 않으마

상추쌈 먹으며

제철 만나
한껏 굽이지고 넘치는
네 무성한 방랑기

손바닥에 두어 장 올리면
곧 구불거리며 일어날 채비

어찌해 볼까,
어째주기 바래?
여름이면 기승하는 네 성정을
오므리고 다독이는 일이 먼저다

상추야,
네 바람아
꼭꼭 여며서 볼이 미어지게
먹어 주마

코스모스 피었다

가을이 아니라도 코스모스 핀다
해마다 그 자리에서
붙박이처럼 피는 너는
여기서 만나야 할 사람
아직 만나지 못한 탓인가?

그래, 기다려라
꼭 만나야지
너 그런다고
딱하게 여기지 않으마

그런 사람 갖지 못한 게
딱하게 사는 거지
어깨 접은 햇살을 딛고
바람을 묻어 행렬을 이루며
성급히 초여름부터
코스모스 피었다

갈퀴를 샀다

갈퀴를 샀다
갈 길을 몰라 떨어져 누운
나뭇잎을 긁어모으고
거북등 같이 딱딱해진 땅
가려운 등을 긁어 주듯이
아우아우 거기거기
땅이 시원해 소리 지르게
너무 좋아 재채기 나오게
그래서 뒤집어지게
내년 봄,
씨를 받아 고마운 싹을 틔우게
효자손 되라고
갈퀴를 샀다

달챙이 숟가락

한때는
부뚜막에서
제일로 바빴던 몸
긁고 긁어내고
닳고 또 닳아서
숟가락이 아니고
칼 노릇도 너끈히
해낼 수 있었다
손에 들면 작은 칼
은장도처럼 빛을 내었다
이제는 숟가락도 칼도 못되고
그저 일에서 놓여난
어떤 이의 기억 속에 남아서
얼마간 살고 있을 뿐이다

붉은머리 오목눈이 들어라

우리나라 곳곳에 사는
흔한 텃새
너, 붉은머리 오목눈이야

네 둥지에 알을 낳고
몽따고 있는
뻐꾸기 새끼 키우느라
네 작은 등이 휘어진 거 안다

이런 업業은
전생에 지은 죄가 커서인가?
뱁새야, 배바리야
네 알을 품고
죽기 살기로 버티거라
이젠 덧정 없다
니 새끼 니가 챙겨라
뻐꾸기 향해 소리치거라

아니거든
지금부터 절대로 포태하면 안 된다
덤불 속에 떨어진
네 새끼 찾으러
가슴 치며 돌아다니지 마라

새끼 품어보지 못해서
너도 저렇게 우는구나
오지랖 넓게
뻐꾸기 역성 따위 들면 안 된다

숲의 사계

{ 봄 }

유록의 잎으로 흔들리는
여려서 예쁜
봄의 숲을 기억하는가
허리 굵은 나무도 수줍음을 타는
춘풍에 들뜬 봄숲에
혼자 들어가 보았는가
고개 들어 위로 향한 얼굴에
기분 좋게 스미는 풋풋한 내음
숲에 고여 있는 봄의 기운은
세상의 그을음쯤 씻어주고 남으리

{ 여름 }

어디선가 뻐꾸기 울음소리
새는 꼭 숲에서 목을 놓는다
숲은 울음을 받아 하늘에 걸고
새의 설움을 고스란히 안는다

사람들아, 여름숲의 힘을 아는가
숲은 못하는 게 없다
푸르고 푸르러 나중은 사람 가슴을
적셔낼 청청한 숲의 에너지

{ 가을 }

숲에 가을이 내렸다
모두 함께 가자
손을 내밀어 숲에 담궈 본다
손끝에서 정수리까지 찌르르
전류처럼 흐르는 힘
가을숲엔 붉은 그림자 드리운
강이 흐른다
배를 띄우자, 노를 젓지 않아도 좋다
그 강에는 여울이 없다

{ 겨울 }

갈잎나무 잎이 숲길에 쌓인다
숲이 짜올린 카펫은 넉넉하다
겨울숲에서는
벗은 나무가 부끄럽지 않다
나이테를 키워 이겨낸 겨울을
벗은 몸으로 보여주고
나이듦을 당당히 자랑하는 건
나무의 특권이다
하늘이 주신 또 다른 땅, 숲
숲은 비워지는 일은 없다
늘 채워지고 가득 차 있다

넘겨짚기

나쁜 일일 때
빛난다
허술할 때
당한다
잘 짚어
때로는 박수받을 때
잘한 짓이라
믿게도 된다

엇길

배들배들 말라가는 달팽이
녹슬고 굽어진
낡은 못 같은 지렁이
길바닥에 들어붙은
젓가락보다 가는 실뱀
모두 다른 길을 기웃대다
길을 놓았다
제 몸을 망치고서야
엇길인 줄 알게 되는
사람이나 미물이나
다를 게 없다

늦은 아침

'수고하고 짐 진 자'
무거워야 짐이라고 생각지 마라
그냥 빈 어깨여도
허리까지 휘청거리게 하는
이 생각의 짐은 어쩌라고
키는 알게 모르게 줄어지고
어깻죽지도 낮아지고
나는 한풀 꺾여 산다
아침 햇살 마루 깊숙이 들어와 퍼져 앉으면
작은 밥상에 늦은 아침을 놓고 먹는다
따끈한 차를 준비한 후
찻잔이 주는 따스함에 눈이 젖고
숨기듯 부려놓은
내 생각의 짐은 그 옆에 앉아
떼쓰지 않고 기다린다
'짐 진 자'에게 주는
순한 배려에 감사하는 아침이다

욕하지 마라

산에서 욕하지 마라
속가량으로도

굽어진 채로 허위단심
혼자 자란 저 소나무가
들으면 안 된다
욕을 배워
온 산을 기워내면 어찌할래!

강가에서 욕하지 마라
돌아서서도

흐르고 흐르는 강물이
들으면 안 된다
강물에 욕이 넘쳐
소용돌이 이루면 어찌할래!

그보다
말보다 먼저 욕을 배워
그게 말인 줄 알고 떠드는
사람들 볼 때면
와, 덧정 없더라
그게 더 무섭더라

2부

어떤 담담淡淡

다시 태어나면

'우리 다시 태어나면
그때 꼭 만나자'
이 유정한 말은
내가 한 말이 아니다
참으로 진중한 그가 한 말이다
진중하지 못한 나는 이미 알았다
다시 사람으로 태어날 것 같지 않아서
그를 만나지 못할 것임을

이쯤이면 족하다
이 정도면 되었다
운이 좋아 다시 태어나도
나는 여전히 나일 것
실수가 잦고, 감히 오지랖이고
눈물만 홍청이는
지금 같은 나일 것을
그래도 나쁘지 않으리니

그런 내가 지금처럼 한 발 늦게
어찌 그를 만난단 말인가
이쯤이면 되었다
정말이다
그런 미련 품어보지 않았다

초록색 머플러

그가 내게 물었지요
낮고 부드러운 목소리로
'머플러 색깔이 마음에 들었냐'고
'고르기가 참 어렵더라'고
덧붙였지요

그가 다시 물었어요
'무늬가 괜찮았냐'고
고개 끄덕이는 것으로는 미흡했던
그의 얼굴에 바람이 걸렸어요
옆에 있던 제라늄 화분에도
바람은 잠깐 앉아 있었지요

이제사 얘긴데요
나는 그 머플러 잊어버렸다는 말
끝내 하지 못했어요
내게서 떠나 정처 없을
그 머플러의 초록빛 방황을

맥스 선재의 손가락

선재를 처음 본 것은
'홀트'에서다
깍꿍깍꿍 눈이 먼저 웃던 아이
선재는 맥스Max란 이름을 얻고
투시맨Tuschman을 성으로 받았다
미국시민이 되어
다시 만난 선재
이제는 깍꿍에 울먹이고
낯을 가린다
숨어서 흘깃흘깃 나를 보는 아이는
엄지손가락을 줄창 물고 있다
허옇게 퉁퉁 불은 손가락
그 손가락이 예사롭지 않다
손가락은 선재의 배냇저고리,
이불 포대기,
처음 입에 넣어 본 숟가락,
어쩌면 한 번도 더듬어 물어 본 적 없는
선재의 엄마 젖꼭지

어느 남자의 명함

내가 아는 이는
'아, 옛날 애인'
어느 시절 가까웠던 이를
예사로이 그렇게 부른다

한참 좋았던 만큼
또 서운하기도 했을 사람
그리움과 간절함을
힘들게 천상으로 띄우고
이제 편안히 부를 수 있어
더 가까울 수 있는 사람

생명의 불을 만나
뜨거웠던 자리
그곳의 그을음이 가라앉으면
옛날 애인 되는가요?

내게도
전화번호와 직장이 바뀌었을
어느 남자의 명함이 있다
오랜 시간이 흘렀음에도
버릴 수 없는
명함 한 장

어떤 담담淡淡

꽃미남이 등장하는 화면을 본다
수려하다 소문난
그의 매력이 내게는 겉돈다
그림은 화려하다
잘생긴 어느 집 아들이
사랑 때문에 술을 마시며 운다
그런 아픔도 약이거늘
그의 고통이 다가오지 않는다

한 남자가 말을 걸어 온다
기대감 없이 그를 본다
이마의 주름 몇 가닥이 눈에 걸린다
여태 기다렸다,
이제라도 늦지 않았다며
'사랑한다'고 말한다
푹 웃음이 터진다
어쩌나, 큰 실례를 범했다

이런 심사를 말하자면
'담담淡淡하다' 하는가
아니면 다른 말이 있는가?
알겠다,
담담은 떨림이 멀리 사라져간
죄다 흘려버리고 펴 보이는 빈 손바닥
흔들림 없는 그네
어떤 포장으로도 달라지지 않는 선물
아니, 죽어가는 세포조직이다

꽃다지

— 시인 이희자

겨울 끝자락에서
우련하게 일어나
숨어 피는 꽃 각시야

그대는
꽃잎만큼 햇살을 받아
빈 터 어디라도
가만가만 흩뿌려
그늘을 걷어내는
순정한 사람

친구야, 이제는 봄이다
꽃다지 꽃 환한 봄이다

그대 삶도 이렇게
봄처럼 둥글고 따스해라

들머리 길,
무리지어 땅에 내린
잔잔한 별꽃이 되어

슬픔
— J에게

구정물 들쑤시지 마라
그냥 두면 그곳에서도
스스로 가라앉아 맑아지려니
널 윽박지르면 그냥 있거라
내가 저만 못해서
그런 생각일랑 애써 지워라
내지르는대로 그 자리에 서서
두 눈 아래만 보고
고개 숙여 듣고 있거라
무섬을 타는 낯색이어야
상대는 안심한다
구정물도 걸러지고
윽박지름도 사그라지고 나면
그런 다음 두 다리 펴고 울어라
눈물로 씰어지지 않을 슬픔은 없으리니

우리 알몸으로 만나자

물이 좋다고 입소문 난
어느 온천탕
20분 이상 물 속에 앉아 있다
무릎을 수술해 세로로 자국 난 할머니
제왕절개한 젊은댁
유방암 수술한 아줌마
상처만 도드라진 모습이 아파
눈길을 멀리 보낸다

할머니, 엄마, 딸과 그의 딸
세상의 여자들이
어디 잠시 나가 있다 나타난
내 모습 보듯 낯설지 않다

우리 알몸으로 만나자
감출 것 없이 죄 벗고
젖은 등을 밀어주고
가늘어진 목덜미 한 번
쓰다듬어 주기로 하자

당신을 위해

나를 위해
시장 보는 일은
그저 그런 일이 되었습니다
시들마른 일이기도 합니다

당신을 위해
장을 볼 때
두둑해진 바구니

바구니 속 물건처럼
나는 싱싱해 집니다
그 무거운 무게만큼
힘차게 걷습니다

자신도 모르게 찌든
회색의 때를 감고 와
여기서 전심전력
회생키로 작정한 여자야,
네 몸 속의 두레박을 꺼내어라
닦고 또 닦은 다음
두레박으로 물을 끼얹고
모두 당당하고 성스럽게
걸 어 나 가 라

부탁

— K언니를 위하여

이 땅에 무덤을 갖지 못한 여자
몇 번의 죽을 고비를 넘기고 버티다가
어느 새벽, 배웅해주는 이 없이
홀로 안개처럼 강둑을 따라 떠났어요
그렇게 떠날 기운을 쌓으려고
강이 보이는 방,
스물 네 시간 펼쳐놓은 이불 속에서
외로움에 버팅기고 눈물로 발을 닦으며
남자보다 더 애절하게 놓지 못하던
담배만을 품고 살아왔던 것인가요?
가끔은 진실했고 많이는 거짓이 있었다 해도
가끔의 진실만 기억해주세요

호박잎쌈에 고등어 넣고 졸인 강된장,
산초가루 넣은 추어탕
그녀가 좋아하던 것이에요
어느 곳에서건 배 불리 먹을 수 있게
하느님 허락해주세요

강이 보이는 그 집엔 지금 누가 살고 있나요?
방을 떠난 여자 가끔 돌아와 보고싶어할 터인데요
흐린 회색 커튼 걸어놓고 와서 보라 하면 안 되나요?
여자는 그 방을 아주 좋아했거든요
모래를 키우다 멈춘 강이 달빛 아래 펼쳐지면
이제 그 여자의 얼굴이 강물에 얹혀
저 세상까지 편안히 흘러가기를,
우리가 그것을 믿어도 되기를

개안開眼

꽃보다 아름다운 건 없다
모두 꺾으려고 하지 않는가
예쁘다, 꽃 같다 그러잖는가?

사람이 꽃보다 아름답다지만
꽃보다 고운 사람
향기로운 사람
아직 만나지 못했다

'저 아이가 우니까
내 마음이 슬퍼져요'
불치병으로 아픈 아이
텔레비전으로 보면서
지승이 주완이가 운다
'어린이 집' 다니는
동네 아이들이다

무엇인가
가슴을 퉁~하며 친다

가까이 살면서 니들이 꽃인 줄
몰라보았다
벌써 내 눈이 구실을 못하는구나
아니다, 그 눈 버리고
새 눈이 열리는구나

둘이, 두리

두리랑, 두리 카페
두리 글방, 두리 호프
너무 많아 열거하기 어렵다
혼자 있어 외로우니
두리, 둘이라 이름 붙여 보는가?

돌아서는 길목마다 눈에 띄는
흔하다 못해 우스워진 이름
홀로 있기 보담
둘이라면 의지가지 될 것 같은 이름인가
정분나기 좋은 둘이인가?

우리 혼자였다가
이제 두리, 둘이 되었다
셋, 넷도 된다
더 많이 쌓여지고 포개진다
나중은 서로 얼크러지고
아파하고 미워한다

때로는 놓아주지 않는
모진 사람이 된다

더러 외로워도
그리움 지니고 싶다면
보고픔 간직하려면
둘도 많다
혼자여야 누릴 수 있는
정복을 알게 되려면~

아는 사람

나 죽으면 화장하여
휘휘 뿌리라고 일렀어
죽어서 갖는 집
그거 다 욕심이야
부질없어
아, 시詩가 안 돼
이거 욕심이지?

안 되는 것
안 하는 것 구별해내기
안 되는 것 붙드는 일이
아픔임을 알아버린
그 사람

혹, 그 사람
당신도 나도
아는 사람 아닌가요?

고춧가루의 힘

마주 앉은 이의 앞니 틈에
고춧가루 하나가 박혔네요
자꾸 그게 눈에 걸려요
말할 때, 웃을 때도
그 고춧가루가 앞장서서
입술을 열어요
금니가 보였대도 이만큼 일까요?
점심에 먹은 설렁탕에 따라온 깍두기,
아님 봄똥 겉절이 먹다
잇속에 콕 혼자 남게 된 고춧가루?
차암 줄기차게 남아있네요
내가 거울이 되어 주어야 하나요
짐짓 모르는 척 있어야 되나요?
이 순간 고춧가루 하나가
자꾸 날 혼란스럽게 하네요

3부

하얀 정거장

안구건조증

늘 젖어 있어야 한다
눈이 마르면 병이 된다 한다
지금 그런 상태라 진단을 받았다

내가 자주 질금대는 눈물은
뭐란 말인가?
그것으로 부족한
물기가 더 필요하다면 어쩌라고!

눈물이 울음되어
그래서 질척이는 두 눈동자 속에
그대 모습 흐려지고 으깨진다면
아으, 그건 안 되는데

'눈물샘을 자극하라
메마른 눈을 늘 적셔 두어라
땅이 메말라지듯 네 마음 또한 그러하다'

안구건조증
날 위해 자주 울어야 한단다
늘 젖어 있어야 한단다

틀린 글씨

남대문이 건너 보이는 길
버스 정류장 길에서
70이 훨씬 넘어 보이는 할머니가
중국산 무명 주머니를 판다

'식케 주머이'
'풀 주머이'
누가 써 주었을까
골판지에 쓴 넘어질 듯
할머니 닮은 글씨

그래도 무릎 앞에
자신있게 세워 두고
오가는 사람 보며
할머니 매일같이 장사를 한다

그 글씨 읽어보며
그냥 가지 마시라
주머이 한 개 사주고 가시라

한동안 잊기

유행가 가사에 있어야 어울릴
고향이라는 단어는
왜 누추와 아픔을 달고
내게 오는지 모르겠다
이 나이에 그렇다
그리워야 고향이라면
내겐 고향이 없다
떠나 산지 그곳서 살았던 거 보다
두어 배가 넘고
무엇보다 보고 싶은 사람
하나 둘 잊혀지고 떠나가고
추억까지 잦아들었다
흉내 내기 조차 망향은 어울리지 않아
그저 흉터같이 남아 뜯어 버릴 수 없는 것
그 흉터 쓰다듬으면
마음 한 쪽이 아리다
고향은 그리운 곳이 아니다
무엇에 삐친 구석이 있어 그런다면

그것만 바루면 될 터이지만
그리워하고 힘을 얻을
염치조차 없는 곳이 되어버린 곳
그래서 고향을 한동안 잊기로 하였다

착한 나이듦

그냥 다른 이의 말만 들을 것
맨 나중에라도
나의 말로 깃발 올리지 말 것

누군가의 배고픔을 읽어낼 수 있을 것
또 다른 이의 서럽고 분한 잔에는
술을 채울 수 있을 것

아주 더운 날,
맨발과 겨드랑이를 보아도 개념치 말고
몹시 추운 날,
그들이 오기 전에 방안을 데워 놓을 것

나이듦은
있던 모서리 깎아져 둥글어지게
그래지지 않을 때는
언제나 쓰다듬고 어루만져 줄 수 있을 것
그것이 억울하거나
섭섭하지 않을 것
내게 그래주기를 기대치 말 것

웰빙

언젠가부터
죽기 살기로 매달리는
살고 싶어 떠받드는 말
'웰빙'

가다가도 돌아 본다
소리만 듣고도 껄떡한다
'웰빙'

잘 먹고 사는 일이
그렇게 어려웠는가
그토록 모를 일이었는가?

먹는 거라면 나도 넉넉하다
차곡차곡 먹는 나이
잘 사는 거라면 나도 안다
욕을 먹고도 꾸역꾸역 삼키는 일
먼 산보고 휘파람 부는 일

무서움

로또 복권 1등에 당첨된다면
오오, 당첨된다면
기쁘기 전에 먼저 두려울 거다
그럼, 무서울 거다
그래서 한 번도 사지 않았다

네가 내게로 온다면
오오, 함께 살자면
기쁘기 전에 어쩌나 두려울 거다
그럼, 가슴 떨리게 무서울 거다
나는 지금도 무서움을 무서워한다

기침과 함께

무척 길었다
금년 여름
'여름이 더워야 오곡백과 튼실하고~'
그런 얘기는
사실 이 더위에 귓등 밖이다, 짜증이다
개도 안 걸린다는 감기를
달포가량 앓았다
깡깡 목에서 터지는 기침 때문에
가슴이 당기며 울린다
떨어지지 않는 기침
떨궈내지 못하는 내가 싫다
어찌하랴,
아무도 만나지 않고
걸려오는 전화에 마음 주지 않으며
이 여름
곁눈질 하지 않고 기다린다
이젠 겁내지 않아 재미없다며
슬그머니 감기가 떠날 때까지만

어머니 코고무신

우리 어머니
코고무신 백통같이 닦아
댓돌 위에 키대로 세우셨다
'어머니 마실 가시려나?'
코고무신 9문7, 230센티
그리운 어머니 신발

죄를 추궁받는 자리
책상 앞에 코를 박은 남자가 신은
때가 꺼멓게 낀 고무신
맨발에 뒤꿈치가 고무신 밖으로
심푸냥이 걸쳐있다

올챙이를 담았던 고무신
그때 한 줌 구름이 담기던
물이 덜 빠진 고무신 신고 걸으면
개구리 우는 소리가 났지
시린 발 종종걸음 걷게 한
눈물 나는 고무신

모란 장날,
고무신 두 켤레를 샀다
아직도 발을 받아주는
고마운 고무신을 샀다

쓰러진다

돌부처도 무심히 두면
어느 날 병든다
단단한 몸에도
허술한 곳이 있어
그곳부터
변하는 것으로 티가 난다

수레실 마을 돌부처
그가 많이 아프다
이제 앞에서 두 손 모으지 마라
고개 숙이지 마라
네 소원 빌지 말아라

그의 아픔을 눈치 못 채고
손 비비며 욕심내는 소리
구시렁구시렁 혼자 소리
귀에 못이 박혀
어느 쪽으로든 쓰러져
면하고 싶었을 거다

돌부처 다시 봐라
어깨 쪽이 거무스레 병든
그가 조금씩 기울고 있다

미역국

바다를 어미로 두고 온
빳빳한 미역 가닥은
바닷물이 아니어도 물기를 받으면
길항없이 몸을 허문다
순하고 부드럽기 이를 데 없다

참기름에 덖어 보글보글 미역국 끓인다
집 안 가득 미역 내음이 뜬다
이것을 먹고 마시면
청정지역의 숨길로
맑게 걸러지는가,
더께를 벗고 본래대로 되어지는가?

자궁을 열어 어미가 되고
가슴을 풀어 자식에게 젖을 물리는
젊은 어미를 위해
초로의 어미는 미역국을 끓인다
바다보다 깊어진 미역국 한 그릇
행여 손가락이 빠질까 공손하게 받든다

껌값

단물만 뽑아내어라
그런 다음
쓰레기통으로 모셔라
종이로 얌전히 싸서
껌인지도 모르게 해

잘못 건드리면
눙쳐 살겠다는 습성이 있으니
조심할 것

질기고 질리고
'너 껌 같아' 하거나
널 껌값으로 매기면
그건 헐값인 거야

질겅질겅
밥보다 다른
뭔가를 씹어야 할 일
있는 날,
널 부르마

하얀 정거장

산골 마을에
눈이 내렸다
이곳에 허실없이 쌓이는 건
눈 뿐이다

눈이 길을 메워도
찾아갈 수 있는
정자나무 앞 집
내가 사는 곳

납죽납죽 엎디어
더 가라앉을 곳 없는
산 밑까지 닿은 마을
털모자 귀밑으로 내려 쓴
중늙은이
어쩌면 오지 않을 버스를
맥 놓고 기다린다

오늘 우리 마을에
방을 내어 주지 않아도 될
묵어 갈 사람
이미 대문을 막아 선
눈사람 둘

쪽배

해동사海東寺 쪽 불빛
사슴 농장의 희미한 가로등
버섯 하우스 검은 웅클임

이 길을 지나야
내 집이 있다

가늘고 딱딱한 길을
쉬엄쉬엄 간다
이윽고 집에 이르러
그런 다음에 기다릴 거다
기다리기 위해 살 거다

불이란 불은 모두 밝히고
달덩이처럼 환하게
대낮처럼 눈부시게
내게 오는 이
불빛 환한 방에서
쪽배 하나 띄울 수 있게

갑자기

'갑자기는 없다'
버스에 붙은 광고문구가
다가온다

그랬다
지나고 보니
갑자기는 없었다

사람들이
갑자기라 믿고 싶었을 뿐
그래야 덜 억울하고
핑계 삼을 수 있기에

조금씩 몸을 키워
어느 날 싸울 듯이
불빛 앞에 드러난 갑자기를

우리는 그저
'갑자기'란 이름으로
맞을 수밖에

비디오 영화 세 편

모니터에 등장하는
수술자 명단
대기실, 수술실, 회복실로 이어지는
이름 석 자를 소금기둥처럼
서서 기다린다

보호자를 위해 주루룩 놓인 의자
기다리는 사람 두엇 팔을 베고
잠들었다, 잠든 체 한다

눈높이에 걸린 브라운관
비디오 영화가 한창이다
조금 전엔 가공할 첨단무기로
인간을 산화시키더니
이제는 소림사 수법으로
죽여나간다

'야아, 니들 사람 목숨 갖고
장난치지 마!' 소리치고 싶다

두 편의 영화가 끝나도록
기별 없는 사람
벽 하나 사이엔
귀한 목숨 놓지 않으려고
저렇게 안간힘인데

지지직지직
또 한 편의 영화가
시작되는구나

촉수금지觸手禁止

시민의 문화와 정서생활에 기여한다며 시작한
지하철 스크린 도어에 판박이 된
이름하여 '지하철의 시詩'

지하철을 기다릴 때 가끔
내가 서 있는 곳에서 가까운 시를 만난다
잠시 시를 읽는다
낯선 이름, 모르는 시인의 시

그런데 이상하다
내가 읽고 있는 시는
아무래도 정상이 아니다
어그러지고 상처투성이다
받침이 빠지고 낱말에 구멍이 났다
그래서 시가 아니다

누군가 기운을 참 요상하게 썼구나
이렇게 게정스런 짓을 하고 싶었을까?

정서 함양을 위해 어렵사리 계획한 일에
어쩌자고 초를 치고 흠집을 내는가?

제발 손대지 말 것
눈으로만 읽을 것
아니면 무시할 것

오늘도 시의 무사함을 염려해야 하는지,
읽지 않는 편이 더 나을 시를
마주해야 하는지?

4부

전망 좋은 집

절벽

태종대 앞 바다
이 도시는 정말 좋은 바다를 지녔다
절망을 위로받을 절벽을 가졌다
등대 난간에서
마음껏 바람에 흔들려 본다
문득, 바다의 심장 속으로
치마를 깃발처럼 날리며
날아가고 싶다
잠깐의 음모를 알아차린 파도는
사정없이 바위를 때린다
'일어나라, 어서 일어서라'
바다의 소리를 들을 수 있는데
어이 일어나지 않으리
바람의 마디에 걸리는 욕망을 벗어놓고
얼얼한 귀를 감싸며
나, 돌아가는 파도를 배웅하리라

제주 바다

소리쳐 울 때가
가장 그 다웁더라

손뼉 치며 웃는,
웃음 끝에 소금기
거품으로 남아도
보기 좋더라

울고 웃는 바다
아직도
그리움 잠재우지 못해
그런다더라

붉은 다리

강원도 인제에 가면
하늘이 내린 땅이라는
산끼리 어깨 맞추어
산줄기에 힘이 실린
그곳에 가면
물줄기 줄어진 강에 걸린
옛 이름 '붉은 다리'가 있다

육이오 전쟁 때
진즉 다리 하나 있었다면
죽지 않아도 될
많은 이의 죽음이 측은하여
미국인 리빙스턴 중령의 유언대로
그의 부인이 세운 다리라더라

그 다리 이미 옮겨지고
길 건너 표지판 하나 세워져
오가는 이
잊거나 읽거나 하고 있더라

다리脚와 다리橋가 없으면
사람은 걸을 수도
물을 건너지도 못하지

잊히고 삭아지는 저 다리
리빙스턴 그가 다녀갔으면 싶다
왠지 그래야 할 것 같다

진부하신가?
다리는 길이고
갈 데 몰라하는 사람들이
걸어 갈 희망이라는 말

강남역 부근

얼굴 까무스레하고
눈은 우물처럼 깊은
외국남자가
강남역 밤거리에서
액세서리를 판다
귀보다 큰 귀걸이
팔목보다 굵은 팔찌
그것들은 불빛을 받아 제 것보다
더 현란한 빛을 쏘며 손님을 부른다
여자애 둘, 좌판 앞에서 잠시 머뭇거리다
가던 길을 가고
남자는 어질러진 것
쓰다듬어 제자리에 도로 눕힌다
확, 눈에 들지 못했음을 부끄러워 마라
단번에 어느 한 사람 마음잡지 못했음에
실망하지 마라
이 거리에서 어디 처음 겪는 일인가,
팔려 나가는 일보다 더 바라는 게 있다고?

이대로 남아 후우 불어주고 닦아주고
으음, 그거로구나
남자 손길 받고 싶은 속내
털어놓지 말거라
들키지나 말거라

흑백사진

제주 자연사박물관에는
코르넷을 쓴 수녀 두 분이
말을 타고 출타하는 모습이 걸린
흐릿한 흑백사진이 있다

말의 등에 올라
길을 나서는 두 사람
그들이 가는 곳은 어디일까
참, 흔들릴까 떨어질라 걱정되지 않았을까?

무인도에서 사람 찾는 일부터
시작했을 그 길
수녀가 전하는 복음을 경청하고
두 손 모아 함께 기도했을 사람
만나고 왔겠지?

하느님 믿고 살다가
그런 다음 죽어서

하늘에 이를 수 있는 길을
예비할 수 있기를
부디 그 길에서 돌아오기를~

봉선화

헝가리 부다페스트
어느 호텔을 나와
두리번두리번 걸어가는데
여기 좀 보고 가소!
낯익다 싶은 꽃이
나를 잡는다

가던 길 몇 걸음 뒤돌아와
굽어보다가
아예 쪼그리고 앉아 본다
봉선화 두 그루

웬일이냐,
울 밑에서 피다가 예까지 온 것이냐?
손톱 물들여 저승 가는 길
밝히다 시답잖아
숫제 자기 발길 밝혀
먼 길 떠나왔구나

만지기도 전에
기다렸다는 듯 튀어나가는
그저 멀리 가려는 네 심보를
이곳에 와서도 확인하고 가는구나

진시황릉의 열무밭 얘기

우리가 도착한 진시황릉
내부수리 중이라 되돌아나왔어
그 곁의 노는 땅을 일군 밭에
순한 열무가 자라고 있었지
저 남새의 주인은 진시황이 아니겠지?
천년만년 살고자 했던 그도
저렇게 여리고 푸른 때가 있어서
그림자도 웃음소리도
푸르게 번지던 날 있었겠지
열무밭 보면서 저절로 그리 느껴지더라고
돌아나오는 길에
누가 그랬지,
'저 열무 솎아 무쳐서
불로초 대신 먹어야 겠다 하하하'

순진한

'순진한 베트남 처녀와 결혼하세요'
뚜쟁이가 내건 팽팽한 현수막

우리 동네에도
그 처녀가 왔다
순진한 베트남 처녀

말이 통하지 않고
이 땅의 낮과 밤이 낯설고
어깃장 놓는 남편이 무섭고
늘 허기진 여자가 되었다

이제 보니
'순진한'은 미숙한 것
숙맥이 '순진한'것이더라

순진한 베트남 처녀
미숙하고 어리벙한 앳된 아줌마
오늘도 뒤란에서 눈물바람에
젖은 달이 뜬다

마리오의 기도

빨강 불에 걸려
멈춘 차 앞에
팔 다리 가느다란
두 소년이 번갈아 가며
물구나무 선다

몰랐다
물구나무가 돈이 되는지를
재주를 부려 돈을 벌기엔
너무 서툰 어린 형제
그러나 서툴기에
성심성의껏 물구나무 선다

거꾸로 본 하늘의 태양은
아이 얼굴에 땀을 솟게 하고
빨개진 볼 숫저운 얼굴
동전을 받아 펴 본 아이는
소리없이 웃는다

학교에 다니지 않는
멕시코 소년
앵벌이 형제 마리오
첫 마수에 성호를 긋는다
그 모습이 짜안하다

너의 감사는 축복받으리라
그 축복으로 오늘 하루치 벌이가
내일로 이어졌으면

전망 좋은 집

그 집 '핑카 비기인'은
전망이 아주 좋았다
어부들이 추렴해 만들었다는
매끈한 그의 흉상
바다를 보며 마셨던 술집
그가 걸었다는 좁은 길
즐겨 다닌 낚시터
어느 곳을 흘깃거려도
그는 죽었지만 죽을 수 없었다
가난한 어촌의 밥이 되어야 하므로
정원에 올라앉은 그의 요트 '필라'는
반들반들 닦여 있고
고양이 무덤이라는 번듯한 푯말 앞에서는
급하게 잔기침이 나왔다
침실의 낡은 침대보,
절친했던 혁명가와 찍은
수염이 어울리는 살집 좋은 그의 사진
힘을 쓸 수 없어진 걸려있는 사냥총

삶의 배경이 되게 했던 서재
그가 적당히 부를 누리며
가볍게 나누며
그리고 어부들과 함께라 말하며
어리뜩하니 지냈을
훼밍웨이 그의 별장은
이름처럼
예나 지금이나 그곳에서
제일로 전망이 좋았다

멍게 또는 우렁쉥이

'우리 고향서는 멍게가 아니라
우렁쉥인기라'
돌아가신 박재삼 선생님의 말씀 생각난다
선생께는 우렁쉥이였던 멍게
한참 주체할 수 없이
여드름 같은, 열꽃 같은 게 돋아난
빵빵하게 기운차 아랫배 그들먹한
녀석의 춘기
바다 기운을 양껏 먹고 붉디붉은
다글다글 얽혀있는 몸뚱이를 듣기 좋게
'바다의 꽃'이라고 한다는데
꽃이라? 그래 꽃이라 불러주자
칼을 대면 분수같이 솟구치는
네가 품었던 바다가 있고
내보내지 못한 부끄러운 똥줄기까지
접시에 얹혀 온 보들보들한 네 살점을 씹으면
희한하다, 혀를 휘돌게 하는 그 씁쓸함이
끝판에는 어찌하여 덜큰하게 느껴지는가?

덜큰 쌉싸래해서 입맛을 돋우게 한다는 그 맛
그걸 느낄 양이면
나잇살을 먼저 먹고 나서야 가능하다는 걸
어린 아들아 아는가?

그의 마지막 잎새

텍사스 오스틴 근교에서 그가 살았다
작은 집, 작은 침대
부엌 세간도 고만고만했다
그도 아내도 딸도 아담한 사람이구나 싶었다
사는 것은 나랑 크게 다를 게 없구나
그렇지만 별 거 없는 집도 그가 살았기에 정겨웠다
먹고 살기 위해 숱하게 직업을 바꾸었고
은행 창구에 앉아 돈을 세고
어떤 연유인지 돈 때문에 벌을 받는다
그도 인생의 신산辛酸을 겪을 만큼 겪었다

이젠 감동까지 낡아지는 얘기가 되어가지만
한때 그의 '마지막 잎새'의 영화榮華를 아는가,
떨어지지 않은 한 개의 나뭇잎이
실낱같은 한 사람의 목숨을 붙잡지 않았는가?
오 헨리, 본 이름 윌리엄 시드니 포터
당신이 의지하며 잡고 싶은 것은 무엇이었을까?

참으로 적적한 동네, 당신의 흔적을 돌아보고
토끼풀 그득 깔린 마당의 벤치에 앉아
언제 몇 번이나 펼쳐볼 지도 모르면서
옷자락 펴며 증명사진을 찍는다

손을 씻었다

빌라도가 손을 씻는다
'난 모르쇠, 이 일에서 손을 떼겠다'다
예수를 처형하는 건
그대들의 요구이니까

예수는
엄지손가락 거꾸로 세우는
군중들에 의해
죽임을 당한다

텔레비전 화면에 나온 이가
'나는 이제 손을 씻었어요' 말 한다
그 말은 믿어 달라는 것이다

아, 손을 씻는 건
이렇게 다른 뜻이 있었구나

신종플루엔 손 씻기가 우선
나도 손을 씻는다

뽀드득 소리내며 물을 튀기며
찔끔 손비누를 흘려 받으며

내가 손을 씻는 일에
다른 뜻은 없다
오로지 청결일 뿐이다

어머니 계신 곳

나, 지금
이곳에서 울지 않으리
눈물이 허락된 이 자리에서도
울음의 씨앗을 어머니 몰래
발끝으로 가만히 다져 묻고
떠나가리

다시 돌아와 이 자리
그때도 늦가을이면 좋겠다
바람이 키워놓은
억새 두어 가닥 꺾어 놓고
낯선 햇살을 얼굴에 받으며
기다리리

나, 이곳에서 울지 않으리
가슴이 빼개져서 울음까지
갈라져 버리게 하는 곳
울 수가 없어 울지 않으리

| 해설 |

자아응시에서 자기확인으로

– 정두리 시인의 시 세계

朴 貞 姬

(시인/전 한양여대 문예창작과 교수)

정두리 시인은 특유의 순정한 시정신과 언어의 생동감으로 이미 널리 알려진 시인이다. 동시童詩 쓰기로 출발하여 섬세한 감성의 내면을 꾸준히 넓혀왔고 사물을 향한 사유체계를 정리하여 명쾌한 형상의 메시지를 보여 왔다. 무엇보다 자연과 생태계에 관심을 기울이면서 우리 삶의 진실을 파고들었고, 토속의 원형을 시의 본질로 탐색하기도 하였다. 그로 인해 잃어버린 낙원의 추억과 향수를 꼼꼼하게 이끌어내어 주목을 받은 바 있다.

밝고 명징한 시어詩語의 감각적 운영은 한마디로 경쾌하여 시 읽기의 즐거움을 주는 시인으로 기억되기도 한다. 감미로운 생명력의 독자적 언어미학을 인지하고 있어, 시를 읽는 어린이를 포함한 많은 계층의 독자에게 편안한 정서적 안위를 주고 있는 것도 시인이 지닌 강점이라 하겠다. 시 속에서 보여준 늘 푸르고 싱그러운 꽃과 나무의 세계, 그 식물적 상상력으로 인해 시와 시인의 두터운 경륜에도 불구하고 정두리 시인은 풋내나는 연초록 줄기와 열매를 늘 기대하게 만드는 시인이기도 하다.

이번 시집에서 눈에 띄는 특징으로, 시인은 자아발견을 위한 자기응시를 한층 더 견고히 하고 있다는 점을 들 수 있다. 보편적 일상의 겸허한 순종을 반복하고 거듭하면서도 끈질긴 자기성찰을 통한 새로운 영토 탐색에 게을리하지 않았음을 보여준 결과이다. 궁극적으로 진정한 예술적 공감과 반응을 이루어내려는 자기 확인의 다짐이 또한 보인다. 그 영토의 표면은 부드럽고 질서는 엄중하지만 많은 이웃과 공동체를 품어주기에 넉넉한 공간이다. 좋은 소재의 풍속도가 그의 시 속에 녹아들어 따뜻하게 전개되어 나타난다.

그 첫 번째 목소리를 들어 본다.

'우리 다시 태어나면
그때 꼭 만나자'
이 유정한 말은
내가 한 말이 아니다
참으로 진중한 그가 한 말이다

진중하지 못한 나는 이미 알았다
다시 사람으로 태어날 것 같지 않아서
그를 만나지 못할 것임을
이쯤이면 족하다
이 정도면 되었다
운이 좋아 다시 태어나도
나는 여전히 나일 것
실수가 잦고, 감히 오지랖이고
눈물만 흥청이는
지금 같은 나일 것을
그래도 나쁘지 않으리니

그런 내가 지금처럼 한 발 늦게
어찌 그를 만난단 말인가
이쯤이면 되었다
정말이다
그런 미련 품어보지 않았다

—「다시 태어나면」 전문

시인의 자기성찰에는 시적 대상의 어조가 큰 역할을 한다. '다시 태어나면…'이라는 실현 불가능한 가정법으로 생명 재현의 이상을 제시한다. 이승에서 맺지 못할 인연의 마지막 언약은 대개 이렇게 시작되기에, 그 어조는

항상 삶의 저편을 넘어가는 여운을 남기게 마련이다. 시의 화자 또한 "참으로 진중한 그"의 "유정한 말"이라는 깊은 의미를 옹호해 놓고도 "진중하지 못한 나"와는 슬쩍 금을 그어 차단하고 있다. 그리고 이어서 "족하다", "되었다"로 깔끔한 마무리까지 한다. 그러나 결코 족하지 않은 그 아릿한 여운을 독자는 감지하게 된다.

「다시 태어나면」이란 명제는 본래 무수히 많은 사랑의 갈증과 소망을 내포한 언술로 대표된다. 인간의 유한성 너머에 있는 불확실한 어느 지점을 놓고 생과 사를 초월한 어떤 해후에 매달리는 심정이 그대로 노출된 것으로 볼 수밖에 없다.

"꼭 만나자"는 그에게 '미련 품지 않았다'고 하는 화자의 다짐은 단호하다. 그러나 그것은 "다시 사람으로 태어날 것 같지 않아서"라고 단서를 붙이고 있다. 일회성 삶의 냉엄한 현상 앞에서도 상상으로 그려내는 피안의 구름다리를 거닐고 싶은지도 모른다.

두 번째 목소리는 현상이 분명한 사실과 물질의 이야기다. 배경 음악이 흐르는 고즈넉한 공간을 연상해도 좋으리라. 그러나 음률이 고비를 넘길 때마다 목소리는 걸리고 넘어진다.

이제사 얘긴데요
나는 그 머플러 잊어버렸다는 말
끝내 하지 못했어요
내게서 떠나 정처 없을
그 머플러의 초록빛 방황을

—「초록색 머플러」 부분

낮고 부드러운 목소리로 자신이 선물한 “머플러 색깔이 마음에 들었냐”고 묻는다. “고르기가 참 어렵더라”고 덧붙이고, 다시 그 ‘머플러 무늬’에 대해서 궁금해한다. 거듭 던지는 질문과 듣고 싶은 응답의 희망은 빗나가고 시 속의 나는 고개만 끄덕인다. 그의 얼굴에는 쓸쓸한 바람이 걸린다. 끝내 말하지 못한 “그 머플러 잊어버렸다는 말”. 그리고 내게서 이미 떠난 “그 머플러의 초록빛 방황”이 목덜미에 감기는 듯 알싸하다. 정성껏 전달한 마음의 정표가 바람에 흩날리듯 감각적 파동을 일으킨다. 남과 여 사이를 오고가며 주고받는 뇌파의 떨림까지 예리하게 전달하고 있다.

세 번째 목소리부터 시인은 정감의 온도를 낮추어 개체의 틈새까지 파고들어가 본다. 시적 화자는 아는 이의 ‘옛날 애인’ 이야기를 꺼낸다. 그리고 이어서 나에게도 있었던 어느 남자의 명함 이야기를 펼친다. "생명의 불을 만나/뜨거웠던 자리/그곳의 그을음이 가라앉으면/옛날 애인 되는가요?" 무어라 응답을기대하지 않은 채 메마른 질문을 자신에게 던지며 끊임없는 자아내면을 응시한다.

내게도
전화번호와 직장이 바뀌었을
어느 남자의 명함이 있다
오랜 시간이 흘렀음에도
버릴 수 없는
명함 한 장

—「어느 남자의 명함」 부분

이런 심사를 말하자면
'담담淡淡하다' 하는가
아니면 다른 말이 있는가?
알겠다,
담담은 떨림이 멀리 사라져간
죄다 흘려버리고 펴 보이는 빈 손바닥
흔들림 없는 그네
어떤 포장으로도 달라지지 않는 선물
아니, 죽어가는 세포조직이다

—「어떤 담담淡淡」 부분

담담淡淡이란 누구나 도달하고 싶은 해방과 안식의 자세가 아닌가. 이 시에서 말하는 담담의 의미는 보다 지적 자각의 탐색을 넓혀 빈 손바닥을 보인다. 떨림은 물론 흔들림도 저만치 멀어진 지 오랜, 해맑은 평온의 언덕에 오른 경지다. 죽어가는 세포조직을 시험관에 넣을듯한 언어의 팽창과 탄력이 '어떤 담담'을 새롭게 해석하고 있다.

정두리 시인의 시 세계에는 더불어 사는 사람들이 귀하고 소중하게 등장한다. 낮고 작게 숨 쉬는 풀꽃 같은 사람들이 그들이다. 마음은 한결같이 착하지만 몸은 늘 아프고 고달프다. 그들 곁에서 시인은 힘찬 폭포수의 역할을 하며 격려하고 기운을 북돋아 주었다. 시인은 그들에게 향기로운 한떨기 꽃이요, 노래하는 종달새였다. 늘 젊고 싱싱하기만 한 시인에겐 세월이 비켜 지나간다고 생각하고 있었던 모양이다. 시 속에 그들은 시인과 함께 흉허물 드러내고 알몸을 씻기도 한다.

그 첫 번째 진실과 정직한 몸의 만남을 본다.

물이 좋다고 입소문 난
어느 온천탕
20분 이상 물 속에 앉아 있다
무릎을 수술해 세로로 자국 난 할머니

제왕절개한 젊은댁
유방암 수술한 아줌마
상처만 도드라진 모습이 아파
눈길을 멀리 보낸다

할머니, 엄마, 딸과 그의 딸
세상의 여자들이
어디 잠시 나가 있다 나타난
내 모습 보듯 낯설지 않다
우리 알몸으로 만나자
감출 것 없이 죄 벗고
젖은 등을 밀어주고
가늘어진 목덜미 한 번
쓰다듬어 주기로 하자

—「우리 알몸으로 만나자」 부분

수술 자국을 안고 모여든 할머니, 엄마, 딸… 세상의 여자들을 씻기고 치유하는 특별한 축제를 보이고 있다. 따뜻하고 정겨운 이들의 상처가 그려진 그림은 시인이 있어 한 폭의 명화로 재생한 셈이다.

삶의 체험 형태가 다양한 여인들, 그들의 어깨 근처에서 시인은 부축할 준비를 다 갖춘 듯 오늘도 손을 내어밀고 있음을 본다. 더듬고 보살피며 다가가는 마음이 시를 통해 세심하게 드러난다. 진실하고 간절하면 언제 어느 곳에서도 만나볼 수 있는 하느님께 시인은 또다시 간곡한 부탁을 하는 중이다.

> 호박잎쌈에 고등어 넣고 졸인 강된장,
> 산초가루 넣은 추어탕
> 그녀가 좋아하던 것이예요
> 어느 곳에서건 배 불리 먹을 수 있게
> 하느님 허락해주세요
>
> —「부탁 - K언니를 위하여」 부분

어렵고 힘든 부탁이 아니라 좋아하던 먹거리 '호박잎쌈'이나 배 불리 먹여달라는 부탁이다. 하느님께 하는 초능력의 기원이 아니다. 기도에도 욕심이 없고 소박하여 곧바로 들어줄 것만 같은 시 한 편. 이 시대 허기진 'K언니'들이 시인의 덕택에 위기를 잘 넘기지나 않았을까 기대를 갖게 한다.

> 구정물 들쑤시지 마라
> 그냥 두면 그곳에서도
> 스스로 가라앉아 맑아지려니
> 널 윽박지르면 그냥 있거라

내가 저만 못해서
그런 생각일랑 애써 지워라
내지르는대로 그 자리에 서서
두 눈 아래만 보고
고개 숙여 듣고 있거라
무섬을 타는 낯색이어야
상대는 안심한다
구정물도 걸러지고
윽박지름도 사그라지고 나면
그런 다음 두 다리 펴고 울어라
눈물로 쓸어지지 않을 슬픔은 없으리니

—「슬픔 - J에게」 전문

시인의 청정한 시 정신은 자연의 해맑은 거울을 통해 자신을 비추어 보는 데서 출발한다. 꽃보다 아름다운, 꽃처럼 아름다운 그 곱고 향기로운 꽃을 노래하다가 시인은 진정한 꽃을 보면서 개안을 한다.

"니들이 꽃인 줄 몰라보았다"

이같은 탄식과 함께 눈을 번쩍 뜬 것이다. 제대로 볼 줄 아는 눈 구실을 못하던 이전의 눈을 버리고 새 눈이 열린다는 자각은 신선하고 경이롭다. 순수한 자연의 거울 속에서 찾아낸 귀한 자아성찰이 아닐 수 없다.

'저 아이가 우니까
내 마음이 슬퍼져요'
불치병으로 아픈 아이
텔레비전으로 보면서
지승이 주완이가 운다
'어린이 집' 다니는
동네 아이들이다

무엇인가
가슴을 퉁~하며 친다

가까이 살면서 니들이 꽃인 줄
몰라보았다
벌써 내 눈이 구실을 못하는구나
아니다, 그 눈 버리고
새 눈이 열리는구나

—「개안開眼」 부분

'어린이 집'에 다니는 동네 아이들 지승이, 주완이가 진정 꽃인 줄 몰랐다고 시인은 말한다. 텔레비전으로 불치병에 걸려 아파하는 아이를 보고 울면서 마음이 슬프다는 그들이야말로 꽃이라는 아름다운 인식에서 개안을 한다. 이 대목에서 시인 또한 꽃으로 피어나는 신비감을 우려낸다고 하겠다.

시인의 언어 활용은 동시童詩적 발랄함을 잃지 않고 있어, 보다 생동감이 넘친다고 말해 왔지만 보다 섬세한 대상의 탐색 또한 동심의 실험과 모험의 시력으로 그 유연성을 높일 수 있다 하겠다.

우리 혼자였다가
이제 두리, 둘이 되었다
셋, 넷도 된다
더 많이 쌓여지고 포개진다
나중은 서로 얼크러지고
아파하고 미워한다
때로는 놓아주지 않는
모진 사람이 된다

더러 외로워도
그리움 지니고 싶다면
보고픔 간직하려면
둘도 많다
혼자여야 누릴 수 있는
정복을 알게 되려면~

—「둘이, 두리」 부분

정두리 시인, 자신의 이름을 놓고 그 독특한 발음을 씨줄과 날줄로 엮어 아름다운 직물을 짜 냈다. 시인의 이름을 소리와 의미로 쌓았다가 포갰다가 자유로운 율동이 전개되면서 시 작업으로 이어진다. 시인은 그 중심에서 서서 외로움과 보고픔을 간직하기 위해 끝내 '혼자 누릴 수 있는 정복'의 정점을 지향한다. '정복을 알아야 한다'는 겸허한 선언적 의미가 그 발성이 소박하기에 더욱 크게 울린다.

시인이 오래 추구하고 노력한 자아확인의 결실은 나날이 그 색채와 향기가 더해 가는 것을 사랑으로 지켜볼 수 있다. 이번 시집에서 한층 자아의식의 풍성한 개화를 보여 준 점이 특징이라 하겠다. 시 한편의 생명을 세상에 내놓기 이전에 가슴 한켠에 묻어 두고 싶다는 어느 시인의 말처럼, 시는 다른 영역에 비해 왜소하지만 존귀하다.